BEI GRIN MACHT SICH IHR
WISSEN BEZAHLT

- Wir veröffentlichen Ihre Hausarbeit,
  Bachelor- und Masterarbeit

- Ihr eigenes eBook und Buch -
  weltweit in allen wichtigen Shops

- Verdienen Sie an jedem Verkauf

Jetzt bei www.GRIN.com hochladen
und kostenlos publizieren

GRIN

Bibliografische Information der Deutschen Nationalbibliothek:

Die Deutsche Bibliothek verzeichnet diese Publikation in der Deutschen National-
bibliografie; detaillierte bibliografische Daten sind im Internet über http://dnb.d-
nb.de/ abrufbar.

Impressum:

Copyright © 2013 GRIN Verlag, Open Publishing GmbH
Druck und Bindung: Books on Demand GmbH, Norderstedt Germany
ISBN: 978-3-656-96129-1

Dieses Buch bei GRIN:

http://www.grin.com/de/e-book/299480/das-kommunikationsquadrat-von-friede-
mann-schulz-von-thun-ausgewaehlte

Dennis Funken

Das Kommunikationsquadrat von Friedemann Schulz von Thun. Ausgewählte Probleme zwischenmenschlicher Kommunikation

GRIN Verlag

GRIN - Your knowledge has value

Der GRIN Verlag publiziert seit 1998 wissenschaftliche Arbeiten von Studenten, Hochschullehrern und anderen Akademikern als eBook und gedrucktes Buch. Die Verlagswebsite www.grin.com ist die ideale Plattform zur Veröffentlichung von Hausarbeiten, Abschlussarbeiten, wissenschaftlichen Aufsätzen, Dissertationen und Fachbüchern.

Besuchen Sie uns im Internet:

http://www.grin.com/

http://www.facebook.com/grincom

http://www.twitter.com/grin_com

Hochschule RheinMain

Wiesbaden, Standort Kurt-Schumacher-Ring

Fachbereich Sozialwesen

Präsenzstudiengang Soziale Arbeit (B.A.)

Wintersemester 2012/13

Kommunikation

Hausarbeit zum Thema

Ausgewählte Probleme zwischenmenschlicher Kommunikation

Datum: 08.02.2013

Ort: Wiesbaden

Vorgelegt von: Dennis Funken

Inhaltsverzeichnis

1. Einleitung

Bereits in Modul 4.1: Kommunikation wurde im Zuge der Seminare das Vier-Ohren-Modell von Friedemann Schulz von Thun thematisiert und auf Selbstoffenbarungs-, Sach-, Beziehungs- und Appellaspekte einer Nachricht eingegangen. Innerhalb dieser Hausarbeit soll dies dementsprechend nicht erneut aufgegriffen werden – vielmehr sollen die Inhalte vertieft werden, indem ausschließlich auf ausgewählte Probleme der zwischenmenschlichen Kommunikation in Bezug auf die vier verschiedenen Ohren, beziehungsweise Ebenen einer Nachricht eingegangen wird. Die reproduzierten Inhalte dieser Hausarbeit beziehen sich auf die Originalausgabe Friedemann Schulz von Thuns Werk >Miteinander reden 1 – Störungen und Klärungen<.

2. Die Selbstoffenbarungsseite einer Nachricht

Der Autor bezieht sich hinsichtlich der Selbstoffenbarungsseite einer Nachricht vor allem auf die Sicht des Senders (vgl. Schulz von Thun 1981: 99).

2.1 Selbstoffenbarungsangst

Schulz von Thun geht in Bezug auf Selbstoffenbarungsangst davon aus, dass emotionale Belastung primär aus der potentiellen Selbstoffenbarung als solche resultiere und die Selbstoffenbarungsangst auf der Tatsache beruhe, dass der Sender einer Nachricht die potentielle negative Beurteilung durch dessen Mitmenschen befürchte sowie diese Beurteilung dadurch selbst vorwegnehme. Er verweist zudem darauf, dass Selbstbeurteilung oftmals strenger ausfalle als Fremdbeurteilung (vgl. ebd.: 100). Der Autor konkludiert, dass eine *„generalisierte Prüfungsangst allgegenwärtig"* (ebd.: 101) sei, da der Sender darüber gewahr sei, dass Nachrichten durch Selbstoffenbarung empfangen sowie gewertet würden.

Die Entstehung der Selbstoffenbarungsangst erkennt der Autor in der frühen Kindheit, in welcher das kindliche Individuum mit der Gesellschaft sowie deren Normen und Konventionen zusammenstoße. Bezug nehmend auf die Folgen dieses Zusammenstoßes differenziert Schulz von Thun jedoch hinsichtlich der unterschiedlich ausfallenden Härte des Zusammenstoßes, was sich hinsichtlich der Art der Erziehung sowie der gesellschaftlichen Gestaltung ermesse, beziehungsweise unterscheide (vgl. ebd.: 101 ff.).

2.2 Selbstdarstellung und Selbstverbergung

Der Verfasser beschreibt aufbauend auf der Selbstoffenbarungsangst Imponiertechniken, also Selbstdarstellung und Fassade- sowie Verkleinerungstechniken, also Selbstverbergung.

Unter Imponiertechniken versteht er die individuelle bestmögliche Selbstdarstellung, wozu beispielsweise Angeberei oder das Schinden von Eindruck gezählt werden könnten. Darüber hinaus erkennt er aber ein Problem seitens des Senders, da diese Form der Darstellung beim Empfänger oftmals das Gegenteil der ursprünglichen Intention des Senders hervorrufe – wie sich Imponiertechniken auswirken würden, hänge also immer vom Empfänger einer Nachricht ab (vgl. ebd.: 107 ff.).

Zu Fassadetechniken zählt Schulz von Thun *„[...] alle Techniken, die darauf abzielen, negativ empfundene Anteile der eigenen Person zu verbergen oder zu tarnen."* (ebd. 108), welche die entsprechende Person für sich oftmals so tiefgreifend übernehme und automatisiert anwende, dass sie die eigene Selbstoffenbarungsangst überhaupt nicht mehr wahrnehme (vgl. ebd.: 108 ff.). In Bezug darauf schreibt er außerdem von sprachlichen Hilfsmitteln der Fassadentechniken, beziehungsweise der Selbstverbergung, bei denen meist eine Entpersönlichung stattfinde – das Synonym >Ich< werde beispielsweise durch >Man< oder >Wir< im Sinne einer Verallgemeinerung mit Allgemeingültigkeit umgangen und häufig würden zudem Du-Botschaften angewendet werden, um eine Ich-Aussage zu vermeiden und dadurch das eigene Innere nicht offenbaren zu müssen (vgl. ebd.: 111 ff.).

Des Weiteren nennt er die demonstrative Selbstverkleinerung, in deren Zuge sich der Sender als minderwertig beschreibe, dadurch jedoch häufig einen verdeckten Appell zum Ausdruck bringe, der sich entweder so äußere, dass der Sender einen Widerspruch hinsichtlich der eigenen angeblichen Minderwertigkeit erwarte – was im Endeffekt nur eine angewandte Form von Bestätigung zu sein scheint – oder, dass der Sender den Empfänger dazu verleiten wolle, die dem Sender lästigen Aufgaben zu übernehmen (vgl. ebd.: 113 ff.).

2.3 Auswirkungen der Selbstdarstellungstechniken

Die daraus resultierenden Auswirkungen summiert Schulz von Thun wie folgt: Er erkennt erstens eine Gefahr für den sachlichen Ertrag von Kommunikation, da der Sachertrag im Zuge bestmöglicher Selbstdarstellung nicht optimal sei. Zweitens sieht er aufgrund des Verbergens eigener Schwächen sowie der damit verbundenen Distanz und Isolation Barrieren für die zwischenmenschliche Solidarität untereinander und drittens wirke sich die äußere Selbstdarstellung, welche nicht dem tatsächlichen inneren Empfinden entspreche, in einer permanenten inneren Spannung aus, worin eine Gefahr für die seelische Gesundheit bestehe (vgl. ebd.: 115).

3. Die Sachseite einer Nachricht – Sachlichkeit

Zum besseren Verständnis wird nun angeführt, was der Verfasser überhaupt unter >Sachlichkeit< versteht:

> „[…]Der auf ein Sachziel bezogene Austausch von Informationen und Argumenten, das Abwägen und Entscheiden, frei von menschlichen Gefühlen und Strebungen […] Sachlichkeit ist erreicht, wenn die Verständigung auf der Sach-Ebene weiterkommt, ohne daß die Begleitbotschaften auf den anderen drei Seiten der Nachricht störend die Oberhand gewinnen." (ebd.: 129)

Schulz von Thun gibt an, dass man innerhalb einer sachlichen Auseinandersetzung zwischen zwei entgegengesetzten Strategien unterscheiden könne (vgl. ebd.: 130).

3.1 Strategien der Sachlichkeit

Die erste Strategie entspreche dem Standpunkt, nach welchem das Unerwünschte zu unterbinden sei, da es nicht in den entsprechenden Kontext gehöre, was einem Appell zur Disziplin gleichkomme. Weiterhin schreibt er davon, dass diese Strategie zwar temporär anwendbar sei und zu einem entsprechenden Erfolg führe, sich das Unterdrücken menschlicher Emotionen unter den Aspekten der Sachlichkeit hinsichtlich eines längerfristigen Austauschs jedoch kontraproduktiv auswirke (vgl. ebd.: 130 ff.).

Bezüglich der zweiten Strategie schreibt er davon, von der ersten Strategie, also von der reinen Sachseite Abstand zu nehmen und sich darauf aufbauend an Metakommunikation zu orientieren, in deren Zuge der Schwerpunkt auf den Selbstoffenbarungs- und Beziehungsaspekten einer Nachricht liege – Störungen hätten demnach Vorrang, die Sachlichkeit als solche erste einmal nicht (vgl. ebd.: 131 ff.). Der Autor erkennt im Gegenzug jedoch auch potentielle Gefahren innerhalb dieser zweiten Strategie, da diese erstens bedrohlich sowie ungewohnt wirken könne und dass durch diese Strategie zweitens Sachziele aus den Augen verloren werden könnten (vgl. ebd.: 133 ff.).

3.2 Trennung von Sach- und Beziehungsebene im Alltag

Schulz von Thun formuliert, dass Sach- und Beziehungsebene im Alltag der Gegenwart getrennt seien. Er geht davon aus, dass unser Arbeitsleben, also ein umfangreicher Teil unseres Lebens von Sachzwängen geprägt sei und dass in diesem Arbeitsleben das Individuum als solches sowie Aspekte des Miteinanders nicht von Relevanz seien, was seine These der Trennung beider Ebenen verifiziert. Überdies beschreibt er, dass aus diesen Sachzwängen Mangelerlebnisse resultieren würden, welche dementsprechend im Privatleben durch die Suche nach Beziehungsaspekten kompensiert werden würden. Abschließend geht er davon aus, dass durch diesen besonderen Fokus auf die Beziehungsaspekte im Privatleben, Sachaspekte, beziehungsweise gemeinsame Sachthemen in diesem fehlen würden, wodurch Menschen trotz aller Beziehungsaspekte auf gewisse Weise voneinander getrennt wären (vgl. ebd.: 134 ff.).

3.3 Das >eigentliche Thema< im Zuge zwischenmenschlicher Kommunikation

In diesem Teil seines Werks geht Friedemann Schulz von Thun darauf ein, wann und ob das Innenleben der Menschen dem tatsächlich vollzogenen Nachrichtenwechsel entspricht. Er stellt die These auf, dass es häufig der Fall sei, dass Innenleben der Gesprächspartner und die tatsächlich thematisierte Sache konträr zueinander stünden, woraus halbherzige Anteilnahme resultieren würde (vgl. ebd.: 137). Als potentiellen Lösungsvorschlag bezüglich der beschriebenen Problematik verweist er auf das

Folgende: *„[...] deswegen kann das Anliegen der Themenzentrierten Interaktion, offizielles und >>eigentliches<< Thema zur Deckung bringen, als Wegweiser für die Verbesserung jeglicher zwischenmenschlicher Kommunikation dienen."* (ebd.)

4. Die Beziehungsseite einer Nachricht

Im Überblick wird beschrieben, dass man keine Sachinhalte vermitteln könne, ohne nicht gleichzeitig den anderen als Menschen in irgendeiner Weise zu behandeln oder misshandeln. In der zwischenmenschlichen Kommunikation sei daher die dritte Seite der Nachricht von großer Bedeutung. Da das Wort >Wie< nicht durch den Sachinhalt der Nachricht, sondern durch den Tonfall sowie die Art der Formulierung, wie auch durch Mimik und Gestik bei dem Beispiel >Wie redet der eigentlich mit mir?< daher wie folgt zum Ausdruck komme: >So stehe ich zu dir, so sehe ich dich< (vgl. ebd.: 156).

„Während sich die Sachbotschaft mehr an den Verstand wendet, geht die Beziehungsbotschaft gleichsam direkt ins Herz." (ebd.: 157)

In einer Nachricht gebe es nach Schulz von Thun zwei Aspekte des Beziehungsgeschehens – die Du-Botschaft und die Wir-Botschaft. In der Beziehungsseite der Nachricht seien beide enthalten, jedoch seien sie nicht immer deutlich trennbar. Hier laute die Du-Botschaft >So einer bist du?< und die Wir-Botschaft >So stehen wir zueinander< (vgl. ebd. 158).

Es werden zwei Instrumente zur Erfassung des Beziehungsgeschehens vorgestellt. Zum einen das Verhaltenskreuz und zum anderen die Transaktionale Analyse (vgl. ebd.: 159).

Im Verhaltenskreuz wird beschrieben, dass empirische Untersuchungen zum Vorgesetzten- und Erzieherverhalten zwei >Techniken< nahe lägen, die den Empfänger auf der Beziehungsseite misshandeln würden: Herabsetzung und Bevormundung. Es gebe zwei Hauptmerkmale, in denen sich die Vorgesetzten, beziehungsweise Erzieher unterschieden – zum einen durch Wertschätzung kontra Geringschätzung und zum zweiten durch Lenkung, beziehungsweise Bevormundung kontra Einräumen und Entscheidungsfreiheit (vgl. ebd.: 162).

In der Transaktionalen Analyse gehe es darum, dass in jedem Mensch drei Persön-
lichkeitsinstanzen vorhanden seien: Das Eltern-Ich: Hier sei alles aufbewahrt, was
die Eltern dem Kind einst vermittelt hätten; Das Kindheits-Ich: Alle Gefühle und Re-
aktionen von damals würden hier gespeichert; Das Erwachsenen-Ich: Die Tatsa-
chen der Realität würden hier ausgewertet und die Impulse aus dem Eltern- und
Kindheits-Ich auf Angemessenheit geprüft (vgl. ebd.: 169).

4.1 Das Bild vom Anderen

Mein Verhalten gegenüber dem Anderen hängt davon ab, welches Bild ich von ihm
habe. Häufig ist die >Vorlage< zu dem Bild unvollständig und von der Wahrnehmung
abhängig, daher ist es für den Sender wichtig, dass er das Bild vom anderen teilwei-
se selber macht (vgl. ebd.: 175).

„Menschliche Wahrnehmung ist nicht nur selektiv, sondern auch ergänzend." (ebd.:
176)

Die Projektion und die Übertragung seien zwei seelische Mechanismen, die zu einer
Bildverzerrung führen könnten. Bei der Projektion würden seelische Vorgänge wie
Gefühle und Impulse, die sich unbekannt in einem abspielen nach außen projiziert,
die man dann beim anderen erkennen könne. Bei der Übertragung hingegen nehme
man unter Umständen den Anderen nicht realitätsgerecht wahr. Die fehlleitenden
Wahrnehmungselemente seien jedoch nicht von einem selbst, hier sei ein unerkann-
ter Dritter mit im Spiel, der die entsprechende Person durch irgendeine Äußerlichkeit
(Haarfrisur) an eine Person aus meiner Vergangenheit erinnern würde. Unbewusst
werde gefühlsmäßig auf den Anderen reagiert (vgl. ebd.: 176 ff.).

Es gebe einen Zusammenhang zwischen Selbstoffenbarung und Projektions-, beziehungsweise Übertragungsgefahr. Je mehr sich ein Mensch zurückhalte, desto mehr
Projektionen und Übertragungen bekomme er ab. Den Übertagungsphantasien des
Gegenübers setze man keine reale Selbstoffenbarung entgegen. In der Psychoana-
lyse werde der Zusammenhang, alte Ängste und Hassgefühle auf eine >Leinwand<
zu projizieren, therapeutisch genutzt. Der Therapeut halte sich gefühlsmäßig heraus
und überlasse dem Klienten dadurch die Möglichkeit, sich mit seinen früheren prob-
lematischen Beziehungen auseinanderzusetzen (vgl. ebd.: 178).

4.2 Unrepräsentativer Kontakt und das Ringen um die Beziehungsdefinition

Manche Personen nehme man häufig nur in ganz bestimmten Situationen wahr, daher entstehe oft ein falsches, einseitiges und unvollständiges Bild. Die Personen von ihren anderen Seiten kennenzulernen, sei daher nicht möglich (vgl. ebd.: 178).

„Jedes Verhalten dem anderen gegenüber enthält auch den Versuch einer Beziehungsdefinition" (ebd.: 179)

Man unterscheide vier Möglichkeiten des Empfängers, auf eine Beziehungsdefinition des Senders zu reagieren: Akzeptieren, also zustimmen; Durchgehen lassen, also nicht zustimmen, aber auch keinen sichtbaren Einwand formulieren; Zurückweisen, also das nicht Folgen des Beziehungsvorschlags des Senders; Ignorieren, also jegliche Reaktion in Bezug auf den Sender vermeiden (vgl. ebd.).

Die Grundarten von Beziehungen lassen sich in symmetrisch, komplementär und metakomplementär einteilen. Symmetrisch sei die Beziehung dann, wenn beide Partner gegenüber das gleiche Verhalten zeigen könnten. Komplementäre Beziehungen entsprächen, wenn A eine andere Verhaltensweise zeige als B, sie sich aber ergänzen würden und gleichsam aufeinander zugeschnitten wären. Metakomplementär bedeute, wenn es zunächst so scheine, als gebe es nur symmetrische und komplementäre Beziehungen. Wenn aber A seinen Partner B dazu bringe, über ihn zu verfügen, ihn zu lenken oder ihm zu helfen, entstehe eine metakomplementäre Beziehung. Diese Beziehungsarten könnten innerhalb einer Beziehung wechselnd auftreten (vgl. ebd.: 181).

„Versuche, eine bestehende Beziehung umzudefinieren, werden „Manöver" genannt. Manöver sind solche Verhaltensweisen, die die bisherige   Beziehung verändern oder ihr einen neuen Akzent geben." (ebd.: 182)

Letztendlich kämen Sender und Empfänger nicht darum herum, ihre Beziehung neu zu definieren (vgl. ebd.).

4.3 Längerfristige Auswirkungen von Beziehungsbotschaften: Das Selbstkonzept

Beziehungsbotschaften könnten erhebliche Langzeitwirkungen haben. Nach der Zeit würden sich die vielen Beziehungsbotschaften verdichten, die ein Kind von seiner Umwelt erhalte. Dieses Selbstkonzept werde heute als Schlüsselvariable der Persönlichkeit und der seelischen Gesundheit angesehen (vgl. ebd.: 187). Explizite und implizite Beziehungsbotschaften würden zunächst im Einzelnen das Selbstkonzept bestimmen. Erziehung sei die Kommunikation zwischen den Zeilen. Durch Signale übermittelte Du-Botschaften würden das Selbstkonzept des Kindes prägen (vgl. ebd.: 188 ff.).

Vermeidungen und Verzerrungen ließen sich auf äußere und innere Erfahrungen anwenden. Man könne manchen Erfahrungen aus dem Wege gehen, manch andere Erfahrungen könne man aber nur umdeuten und verzerrt wahrnehmen, in einer Form, die in das eigene Selbstkonzept passe (vgl. ebd.: 193 ff.).

4.4 Zum Umgang mit Beziehungsstörungen und die Funktionalisierung der Beziehungsebene

Viele Menschen wissen nicht mit den Störungen umzugehen, bei den meisten sind es verborgene Verletztheit, Auseinandersetzungen, die vermieden wurden und kleinliche Nörgelei. Beziehungsstörungen sollten nicht auf der Sachebene ausgetragen werden (vgl. ebd. 198 ff.).

Wenn die Beziehungsebene stimme, sei eine sachliche Zusammenarbeit möglich und effektiv, jedoch bestehe die Gefahr durch Manipulation des Beziehungsgeschehens (vgl. ebd.: 204 ff.), siehe beispielsweise: *„Mitarbeiter arbeiten besser und williger, wenn man sie freundlich und wertschätzend behandelt und ihnen das Gefühl von Mitverantwortung gibt."* (ebd.: 204)

5. Die Appellseite einer Nachricht

Ein Appell beinhaltet immer einen Einfluss bzw. eine Forderung an sein Gegenüber, welches Erwartungen impliziert.

Es gibt folgende Appelle:

1. Heimliche (verdeckte)
2. Paradoxe
3. Offene (vgl. ebd.: 209)

5.1 Ausdruck und Wirkung – Zwei Funktionen der Kommunikation

Schulz von Thun beschreibt, dass es niemals nur den >ausdrucksorientierten< oder den >wirkungsorientierten< Typen gebe. Es bestehe vielmehr eine Mischform. Der ausdrucksorientierte Typ wolle alles ausdrücken. Es komme ihm in erster Linie nicht auf die Wirkung an. Der wirkungsorientierte Typ stelle sich (bewusst, beziehungsweise unbewusst) folgende Fragen: Was will ich erreichen, beziehungsweise verhindern? Er konstruiere demnach seine Nachricht (vgl. ebd.: 210 ff.).

5.2 Von der Erfolgslosigkeit mancher Appelle

Vor allem gutgemeinte und subjektiv nicht erfüllbare Apelle würden nicht umgesetzt. Es gebe mehrere erfolglose Apelle. Folgend werde der „Appell als untaugliches Mittel für >tiefgreifende< Änderungen" (ebd.: 215) anhand eines Beispiels dargestellt. Eine Frau habe sehr große Angst vor Spinnen. Als sie eine kleine Spinne im ihrem Haus entdecke, laufe sie schreiend und voller Panik zu ihrem Mann. Dieser versuche sie zu beruhigen und rede auf sie ein, dass die Spinne ihr nichts tue und winzig klein sei. Das beruhige jedoch die Frau keineswegs. Wo Angst herrsche, habe die Vernunft keinen Platz (vgl. ebd.: 215).

5.3 Verdeckte Appelle anhand eines Beispiels

Appelle hätten immer zumindest eine verdeckte Zielsetzung, wie die Nachricht beim Empfänger ankommen solle.

Jemand wolle sich das Leben nehmen. Auf der Selbstoffenbarungsseite sei dies als Verzweiflung und seelische Instabilität zu verstehen. Auf der Appellseite hingegen sei dies als Hilfeschrei zu interpretieren sowie als das Ringen um Beachtung. Ebenso könne die Aussage >Ich bringe mich um< als Erpressung verstanden werden, wenn zum Beispiel ein Streit mit dem Partner vorangegangen sei (vgl. ebd.: 222 ff.).

5.3.1 Vor- und Nachteile verdeckter Appelle

„1. Verdeckte Appelle sind häufig erfolgreicher als offen geäußerte: deshalb nämlich, weil sie den Empfänger in eine emotionale Stimmung versetzen, die ihn bereiter macht apellgemäß zu reagieren." (ebd.: 225). Dies lässt sich am Beispiel dessen erklären, wenn eine Frau möchte, dass ihr Mann etwas für sie erledigt und er keine Lust darauf hat. Wenn die Frau ihm andeutet, dass es ihr zeitlich unmöglich ist, diese Sache zu erledigen aber es ihr sehr wichtig ist, wird ihr Mann in die emotionale Stimmung des Mitleids versetzt und er fügt sich eher als wenn sie ihn direkt auffordert die Sache für sie zu übernehmen.

„2. Für verdeckte Appelle muss der Sender nicht die Verantwortung übernehmen - er kann notfalls dementieren (auch vor sich selbst), den Wunsch geäußert zu haben." (ebd.). In dieser Weise erspart sich der Sender eine mögliche Verletzung, welche durch Zurückweisung eines offen geäußerten Appelles entstehen könnte (vgl. ebd.).

5.3.2 Appellwidriges Reagieren des Empfängers

Es stellt sich (zu Recht) die Frage, wie man auf die oben genannten Apelle reagieren soll.

Zunächst solle der Empfänger sich dessen bewusst sein, dass die Nachricht des Senders einen verdeckten Appell beinhalte. Danach müsse sich der Empfänger fragen, welches heimliche Interesse er habe, dieses (vgl. ebd.: 227) *„Spiel mitzuspielen."* (ebd.). Im Folgenden stelle sich die Frage nach der Wahlmöglichkeit.

5.4 Paradoxe Apelle

Es gibt gegensätzliche Apelle. Diese würden sich an dem Beispiel eines Kindes (3 Jahre alt) festmachen lassen, welches unerlaubterweise mit dem Mobiltelefon des Vaters spiele. Der Vater sage zu dem Kind: >Leg sofort mein Mobiltelefon hin<, das Kind beachte ihn nicht und spiele weiter mit dem Gerät. Da mische sich der 7 Jahre alte Bruder ein und sage: >Spiel ruhig weiter mit dem Mobiltelefon<. Sofort lege das Kind das Mobiltelefon aus der Hand.

5.5 Offene Appelle

Weil der offene Appell nicht einfach durchzuführen sei, führt Schulz von Thun einige Voraussetzungen zum Gelingen eines solchen auf.
Man solle sich dessen bewusst sein, was man mit dem Appell bewirken wolle. Auch solle man den Appell nicht aus egoistischen Gründen formulieren, sondern um beispielsweise eine Entscheidung besser treffen zu können. Ebenso werde an die Eigenverantwortlichkeit im Falle eines >Jas< von Seiten des Empfängers appelliert. Im Falle eines >Neins< solle der Sender auch dies wertschätzen (vgl. ebd. 250 ff.).

6. Zur Anwendbarkeit innerhalb der Sozialen Arbeit

Dass Kommunikation innerhalb der Sozialen Arbeit eine immens wichtige Rolle spielt, erscheint unanfechtbar sowie nicht anzweifelbar. So kann es als irrelevant bezeichnet werden, ob man sich als Sozialarbeiter nun mit Drogenabhängigen in Gesundheitsräumen, suizidgefährdeten Klienten in der Sozialen Beratung oder mit Hartz-IV-Empfängern im Zuge einer aktivierenden Komponente Sozialer Arbeit beschäftigt, beziehungsweise mit diesen kommuniziert. Dementsprechend erscheint als ebenso wichtig, dass sich die besagten Fachkräfte über Probleme zwischenmenschlicher Kommunikation bewusst sind, um diese selbst zu vermeiden, sie darüber hinaus jedoch auch beim betroffenen Klienten zu erkennen und diese entsprechend zu handhaben. Auf die Praxis Sozialer Arbeit sollen nun ausgewählte Probleme zwischenmenschlicher Kommunikation aller Seiten einer Nachricht angewendet werden.

6.1 Aspekte der Selbstoffenbarungsseite

Bereits die Tatsache, dass Menschen Fremdbeurteilung fürchten, beziehungsweise fürchten, dass die eigenen individuellen Nachrichten empfangen sowie beurteilt werden (Siehe Punkt 2.1), kann elementare und drastische Probleme für die Praxis Sozialer Arbeit in sich bergen. Fürchtet ein Klient in welchem Arbeitsfeld Sozialer Arbeit auch immer die Fremdbeurteilung und möchte sich selbst in seinen Nachrichten nicht, beziehungsweise nur subjektiv eingeschränkt selbstoffenbaren, kann sich dies für eine konstruktive sowie effektive Beratung und den damit verbundenen Hilfeprozess als sehr hinderlich erweisen, wenn der Sozialarbeiter dadurch beispielsweise nicht die >wahren< Hintergründe oder Motive für das Verhalten oder Handeln des Klienten in Erfahrung bringt und dadurch möglicherweise auf Aspekte eingeht, welche mit dem tatsächlichen Problem des Klienten überhaupt nichts zu tun haben.

Gleiches gilt im Übrigen auch für Selbstdarstellungs- und Selbstverbergungstechniken (Siehe Punkt 2.2), da der Klient auch in diesem Fall die ihn betreffende Problematik verzerrt oder inkorrekt hinsichtlich seines eigentlichen Empfindens darstellt, was erneut zu Schwierigkeiten im Hilfeprozess führen kann.

Auch Schulz von Thuns Annahmen hinsichtlich der Auswirkungen von Selbstdarstellungstechniken (Siehe Punkt 2.3) sind bezüglich des Punktes relevant, dass durch diese Techniken eine innere Spannung beim Klienten entsteht, wodurch der Zugang des Sozialarbeiters zu dem Klienten erschwert werden kann, was einem effektiven Hilfeprozess erneut kontraproduktiv gegenübersteht.

Der Sozialarbeiter sollte also dazu angehalten sein, so genau wie möglich zuzuhören sowie zu beobachten, um mögliche Indikatoren für die Selbstoffenbarungsangst des Klienten zu erkennen und mit diesem Erkenntnisgewinn adäquat umzugehen, um durch entsprechende präzisierte Kommunikation seinerseits das tatsächliche Empfinden des Klienten in Erfahrung bringen zu können.

6.2 Aspekte der Sachseite

Auch die ausgewählten Probleme zwischenmenschlicher Kommunikation auf der Sachseite einer Nachricht beinhalten ähnliche verzerrende Aspekte hinsichtlich der Praxis Sozialer Arbeit. In diesem Fall wird das tatsächliche innere Empfinden aufgrund von Strategien der Sachlichkeit, beziehungsweise Sachzwängen unterdrückt und nicht zum Ausdruck gebracht. Ob das Innenleben eines Menschen dem tatsächlich vollzogenen Nachrichtenwechsel auf der Sachseite entspricht, hinterfragt Schulz von Thun in Punkt 3.3, was seiner Meinung nach zu halbherziger Anteilnahme führt. Er bietet zudem den Lösungsvorschlag an, dass die alleinige Kommunikation auf der Sachebene bei Sachzwängen die generelle zwischenmenschliche Kommunikation verbessert, auch wenn es konträr zum tatsächlichen Innenleben des jeweiligen betroffenen Individuums steht.

Wendet man diesen potentiellen Lösungsvorschlag nun auf die Praxis Sozialer Arbeit an, ist dieser Lösungsvorschlag so zu verstehen, dass der jeweilige Sozialarbeiter sich seinem Klienten in dem Sinne anpasst, dass der Sozialarbeiter versucht, einen Zugang zu dem Klienten über kontinuierliche Kommunikation auf der Sachebene herzustellen, wenn dieser denn ausschließlich auf der Sachebene kommuniziert, beziehungsweise in Sachzwängen >gefangen< ist. Dies bildet erstens die Grundlage für eine konstruktive sowie effektive Form der Kommunikation, auf welcher man aufbauend zweitens mit der Zeit auch einen Zugang zu den tatsächlichen Empfindungen des Klienten herstellen kann.

6.3 Aspekte der Beziehungsseite

Auch die Beziehungsseite einer Seite kann problematische Aspekte für Arbeit innerhalb der Sozialen Arbeit in sich bergen.

Eine Nachricht zu senden heißt immer, eine Art Beziehung zu dem Empfänger aufzubauen. Eine Nachricht enthält oft mehr Botschaften, als man glaubt. Genau genommen gibt es zwei Arten von Botschaften auf der Beziehungsseite einer Nachricht. Zum Einen, was der Sender vom Empfänger hält und zum Anderen, wie der Sender die Beziehung zwischen sich und dem Empfänger sieht. Bereits die Tatsache, dass auf der Beziehungsebene eine Beeinflussung der vom Empfänger aufgenommenen

Nachricht aufgrund des Tonfalls oder anderen subtilen Aspekten stattfinden kann, erscheint es als Fachkraft der Sozialen Arbeit immens wichtig, so präzise und sachlich zu formulieren, wie nur möglich und den eigenen Tonfall beispielsweise auch dementsprechend anzupassen, um bereits potentielle persönlich verletzende Nachrichten an den Klienten zu vermeiden.

Auch problematisch für die Praxis Sozialer Arbeit kann die von Schulz von Thun formulierte These hinsichtlich der automatischen subjektiven Vervollständigung vom Bild des Anderen betrachtet werden. Erhält man als Fachkraft in der Sozialen Arbeit von einem Klienten beispielsweise Information hinsichtlich eines Sachverhalts, konstruiert man laut Schulz von Thun ein subjektives und nicht zwingend der Realität entsprechendes >vervollständigtes< Bild von dem jeweiligen Klienten, was ohne Frage als nicht förderlich für die eigentlich angestrebte Voreingenommenheit und >Objektivität< einer sozialarbeiterischen Fachkraft bezeichnet werden kann. Dies lässt sich auch auf die in Punkt 4.1 beschriebene Projektion sowie Übertagung anwenden.

Daher kann konstatiert werden, dass die Beziehungsseite der Nachricht von Friedemann Schulz von Thun wichtig für eine erfolgreiche Gesprächsführung ist. Jedes Gespräch hängt von dem Verhältnis der jeweiligen Personen ab, welches diese zueinander haben. Um im beruflichen Alltag erfolgreich ein Gespräch zu führen, erscheint es als wichtig, sich als Fachkraft der Sozialen Arbeit mit der Beziehungsseite einer Nachricht auseinander zu setzen, um dies auch konstruktiv in welchem Gespräch auch immer anwenden zu können.

6.4 Aspekte der Appellseite

Wie alle anderen Seiten einer Nachricht, kann auch die Appellseite einer Nachricht innerhalb der Praxis Sozialer Arbeit von Relevanz sein.

Wie im Beispiel unter dem Punkt 5.2 dargestellt, haben gutgemeinte Apelle auf denjenigen keine Wirkung, welcher Angst vor etwas hat. Im Rahmen einer Tätigkeit der Sozialen Arbeit ist es daher wichtig, herauszufinden, woher diese Angst kommt, wie lange sie schon vorhanden ist und was in der Person vorgeht, wenn dieser dem Auslöser begegnet. Auf diese Weise wird die Angst >greifbar< und die Person setzt sich mit ihr auseinander.

Besonders das richtige Interpretieren und Reagieren auf das Beispiel bezüglich Punkt 5.3 sind wichtig. Wenn der Klient ankündigt, sich umbringen zu wollen und dies vor dem Sozialarbeiter äußert, ist es wichtig, dies auf jeden Fall ernst zu nehmen und nicht zu denken >Das macht er sowieso nicht<. Vielmehr sollte sich der Sozialarbeiter durch den verbalen Austausch mit dem Klienten über dessen Zustand in Kenntnis setzen und gegebenenfalls Angehörige oder die Polizei verständigen.

Wenn der Sozialarbeiter mit verdeckten Apellen, beziehungsweise Fragen arbeitet und der Klient ihm eine bestimmte Absicht dahinter unterstellt, kann der Sozialarbeiter dies verneinen, wie in Punkt 5.3.1 beschrieben – aber nicht aus der Tatsache heraus, dass der Sozialarbeiter sich verletzt fühlen könnte, sondern, dass der Klient sich missverstanden fühlen könnte. Es liegt dann an dem Sozialarbeiter, seine Fragen umzuformulieren.

Der unter Punkt 5.4 beschriebene paradoxe Apell ist vor allem bei heranwachsenden Jugendlichen zu beobachten. Die Mutter sagt zu ihrer 13 jährigen Tochter, sie solle die Jacke anziehen, weil es kalt sei. Die Tochter hört aber nicht auf sie. Dann kommt ihr älterer Bruder und meint, solle sie doch krank werden und am Wochenende nicht mit in den Freizeitpark und die Tochter zieht sich eine Jacke an. Hier könnte der Sozialarbeiter >der Vermittler<, vor allem zwischen Mutter und Tochter, sein, um eine bessere Kommunikationsgrundlage für die Beiden zu erarbeiteten.

Besonders die unter dem Punkt 5.5 aufgeführten Punkte von Schulz von Thun, welche eine Voraussetzung zum Gelingen offener Apelle darstellen, sind wichtig. Vorab sei darauf hingewiesen, dass der Sozialarbeiter möglichst nicht mit Appellen arbeiten sollte, weil dies die Hilfe zur Selbsthilfe hindert. Ist ein offener Appell von der Situation heraus angebracht, sollte sich der Sozialarbeiter bevor er den Appell formuliert im Klaren sein, was er mit diesem bezwecken will. Auf gar keinen Fall sollte der Appell aus egoistischen Gründen formuliert werden, sondern vielmehr, um danach die eigene Vorgehensweise konkretisieren zu können. Verneint der Klient den offenen Appell, sollte der Sozialarbeiter dies wertschätzen.

Literaturverzeichnis

Schulz von Thun, Friedemann (1981): Miteinander reden 1 – Störungen und Klärungen. Hamburg: Rowohlt Taschenbuch Verlag

BEI GRIN MACHT SICH IHR WISSEN BEZAHLT

- Wir veröffentlichen Ihre Hausarbeit,
  Bachelor- und Masterarbeit

- Ihr eigenes eBook und Buch -
  weltweit in allen wichtigen Shops

- Verdienen Sie an jedem Verkauf

Jetzt bei www.GRIN.com hochladen und kostenlos publizieren